ESSAI HISTORIQUE

SUR

L'ORTHOGRAPHE.

ESSAI HISTORIQUE

SUR

L'ORTHOGRAPHE,

PAR

ÉDOUARD FOURNIER.

(EXTRAIT DE L'ENCYCLOPÉDIE DU XIXe SIÈCLE.)

PARIS,

IMPRIMERIE DE Mme Ve BOUCHARD-HUZARD,
5, RUE DE L'ÉPERON.

1849

ESSAI HISTORIQUE

SUR

L'ORTHOGRAPHE.

ORTHOGRAPHE. — Ce mot, dérivé du grec ὀρθός, *droit*, *régulier*, et γράφω, *j'écris*, désigne l'art d'écrire les mots d'une langue avec correction et suivant l'usage établi. Les Grecs, pour exprimer cette science, s'étaient servis eux-mêmes de ce vocable composé qu'on croirait, au premier abord, créé par la néologie moderne; c'est Quintilien qui nous l'apprend (*Instit.*, liv. I, ch. VII). — L'orthographe est à la langue écrite ce que la prononciation est à la langue parlée; tous les peuples ont admis ce principe, et, afin même que les licences et les variations de l'une n'apportassent aucune perturbation dans les exigences plus sérieuses de l'autre, tous ont établi entre elles une certaine limite, une distinction incontestable. En effet, chez aucune nation parvenue à ce degré de civilisation intellectuelle où la grammaire prend empire sur le langage, on n'a mis assez en oubli le respect de l'étymologie, et la crainte des altérations vicieuses, pour établir une identité complète entre les formes rigoureuses de l'orthographe et les allures plus libres de la prononciation, et aucun idiome en se constituant n'a accepté pour principe de sa formation régulière l'axiome spécieux de Voltaire : « L'écriture est la peinture de la voix; plus elle est ressemblante, meilleure elle est. » — Chez les Hébreux, la démarcation établie entre la prononciation et l'orthographe est tellement distincte et tranchée, que le plus souvent les lettres appartenant à l'une ne sont pas du ressort de l'autre. Ainsi, les consonnes, que les hébraïsants comprennent presque toutes parmi les *lettres quiescentes*, sont admises par l'orthographe comme caractères écrits, mais restent muettes pour la prononciation; tandis que, d'un autre côté, les voyelles sur qui la prononciation a surtout prise restent, au contraire, omises et sous-entendues par l'orthographe. La langue écrite et la langue parlée ont donc leur part bien distincte, leurs lettres respectives; à l'une les consonnes, à l'autre les voyelles. Beauzée s'appuyait de ce principe étrange de la langue hébraïque quand il prétendait que les articulations sont la partie essentielle des idiomes, et les consonnes, par conséquent, la partie non moins essentielle de leur orthographe; Wetcher l'invoquait aussi quand il écrivait dans son glossaire germanique : « *Linguas a dialectis sic distinguo, ut differentia linguarum sit a consonantibus, dialectorum a vocalibus.* » Cette manière d'écrire des Hébreux, qui, ne traçant guère que les consonnes, semblent ainsi abandonner au gré des lecteurs le choix des voyelles, est commune à tous les dialectes de leur langue, le chaldéen, le syriaque, le samaritain, et a donné naissance à un grand nombre de systèmes prétendant suppléer à ce qu'une telle orthographe a de trop laconique On a d'abord le système des treize points-voyelles ou points massorètes destinés à déterminer le son des mots privés de voyelles dans le texte primitif; puis vint celui beaucoup plus simple de Masclef, qui, supprimant les points-voyelles, y supplée en ajoutant à la consonne la voyelle qui la suit quand on la prononce seule. Ainsi, ayant un mot hébreu composé de ces trois lettres, B, D, L, il faut, selon Masclef, le prononcer *Bedal*, parce que le B, dans l'alphabet hébreu, se prononce *Beth*, et le D, DALETH ; et pareillement faire pour les diverses consonnes dans tous les mots. C'est seulement après les consonnes finales qu'il n'est pas besoin d'ajouter une voyelle, parce que celle qui précède suffit pour lui donner un son. Cette méthode, formulée par Masclef lui-même dans les savants prolégomènes de son livre, ayant pour titre, *Grammatica hebraica a punctis aliisque massoreticis libera* (1716, in-12), eut quelque succès parmi les hébraïsants, et, après avoir été rejetée tout à fait, elle a fini par être renouvelée de nos jours avec quelques modifications. — Dans la langue grecque, même à ses commencements, nous ne trouvons non plus aucune identité entre la prononciation et l'orthographe. Cette distinction, qu'elle devait aux langues orientales, ses véritables sources, à l'hébraïsme, au phonétique égyptien, au sanscrit même qui lui a, de plus, transmis plusieurs règles de sa syntaxe, entre autres celle du génitif absolu, n'était, certes, pas aussi tranchée que dans la langue hébraïque, mais elle n'en était pas moins réelle et évidente. Ainsi il est bien prouvé que les Grecs, quoiqu'ils fissent, en prononçant les mots de leur langue, un usage fréquent de l'aspiration, ne possédaient pourtant d'abord aucune lettre correspondant à notre H. L'*êta*, qui dut représenter chez eux cette lettre de notre alphabet, n'existait pas dans le principe de leur écriture; ce n'était dans l'origine, selon M. Dugas-Montbel, qu'une simple aspiration ne comptant point comme lettre et se marquant par l'*epsilon*, comme le dit Platon dans le *Cratyle* (tome III, p. 317), et comme on le voit dans l'inscription rapportée par Bardasachor, et qui contient tout le commencement de l'histoire de Thucydide. C'est plus tard seulement que l'aspiration, ramenant souvent le son de l'*ê* ouvert ou *êta*, le son attira la lettre et la rendit spéciale; premier sacrifice fait à la prononciation par l'orthographe primitive des Grecs. On n'a pas trouvé davantage dans leur ancienne écriture, composée de caractères onciaux, les signes subsidiaires qui, comme l'esprit rude, furent créés plus tard pour marquer l'accentuation du son aspiré; rien n'y représentait non plus l'*iota* souscrit; au lieu de η, on écrivait ει. Il est de même certain que, malgré leur fréquent emploi, dans la prononciation, des sons articulés exprimés par *y* et *w* dans l'orthographe anglaise, les Grecs n'avaient aucune consonne qui les représentât, et que, pour les traduire à l'œil, il leur fallait recourir à des procédés indirects, à des détours semblables à ceux que nous employons nous-mêmes lorsque nous plaçons des *i* et des *u* devant d'autres voyelles, et que nous contractons en une seule syllabe les voyelles ainsi combinées. Enfin, suivant l'helléniste anglais M. Wall, quoique la distinction entre la prononciation ouverte ou fermée puisse se remarquer également dans toutes les voyelles, et dût, par conséquent, être marquée dans toutes par une différence de caractères, cette différence n'est indiquée dans l'alphabet grec, néanmoins, que pour deux d'entre elles mentionnées tout à l'heure, et non pour les autres. Si l'on veut de nouvelles preuves que, chez les Grecs, les signes orthographiques n'étaient en rien soumis à l'arbitraire des sons de la prononciation, on n'a qu'à recourir au lexique de Suidas, disposé, comme le nôtre, par ordre alphabétique, et l'on y verra que les lettres EI, H, I et OI et Y, confondues et comme identifiées pour l'oreille grâce à la prononciation, restaient, au contraire, grâce à l'orthographe, toujours distinctes pour l'œil et pour l'esprit ; on y apprendra aussi que bien des mots restés comme assimilés les uns aux autres, dans la langue parlée, gardaient, au contraire, dans la langue écrite, leur forme, leurs signes particuliers. Par exemple, καινός, *nouveau*, et κενός, *vide*, entre lesquels, au dire de Suidas et d'Eustathe, l'oreille n'admettait pas de différence quand la bouche d'un Grec les prononçait, n'étaient cependant jamais pris l'un pour l'autre par le lecteur qui les voyait écrits; il en était de même pour les deux mots Ηρη et ἶρι, selon Eustathe, qui, les rapprochant l'un de l'autre, nous dit formellement que leur son est parfaitement identique, παντελῶς ἠχοῦσι ταυτό; de même encore pour ζεῖ χύτρα, ζῇ φιλία. Enfin il n'est pas une grammaire grecque qui ne nous enseigne que dans les mots où le γ était suivi d'un autre γ, comme dans ἄγγελος, ou d'un χ, comme dans ἀγχυρα, il prenait le son d'un ν : preuve nouvelle de l'indépendance que l'orthographe savait garder contre les empiétements de la langue parlée. Par malheur, la grammaire se constitua trop tard chez les Grecs pour défendre utilement ces limites si bien tracées contre les premières altérations et les premiers envahissements. Au temps d'Aristophane et de Socrate, les règles élémentaires étaient encore si mal établies, qu'à peine savait-on ne pas confondre entre eux les mots des différents genres. « L'ignorance était telle là-dessus, dit P. L. Courier, que Protagoras s'étant avisé de distinguer les noms en mâles et femelles, comme il les appelait, cette subtilité nouvelle fut admirée; quelques-uns s'en moquèrent, comme il arrive toujours; on en fit des risées dans les farces du temps. » Aristophane s'en moque, en effet, dans sa comédie des *Nuées;* les railleries que lui inspire cette règle sont même le seul fonds comique de la leçon de grammaire que Socrate donne à Strepsiade. Lisez le *Cratyle* de Platon, ce traité περί ὀνομάτων ὀρθότητος, où les principes, l'origine et les étymologies de la langue grecque sont discutés avec tant de science et d'érudition, vous y verrez mieux où en était alors, en plein âge d'or de la littérature grecque, l'analyse raisonnée du langage. C'est à peine si Platon peut distinguer deux parties dans le discours, les *noms* et les *verbes;* et, pour compléter cette nomenclature si restreinte, il fallut attendre que, à deux siècles de là, l'un des élèves d'Aristarque, Denys de Thrace, auteur du plus ancien manuel de grammaire grecque qui nous soit parvenu, eût enfin ramené à huit les parties du discours. Dans le *Cratyle* de Platon on trouve l'aveu d'une indifférence singulière au sujet des dialectes qu'on laissait, sans presque dire *gare*, empiéter sur la pureté du langage et violer l'orthographe attique. « Les dialectes grecs, dit Platon, entrent dans une grammaire, mais ne constituent pas autant de grammaires diverses. L'altération d'une voyelle ou d'une consonne, l'addition ou le retranchement de quelques lettres, ou la contraction de quelques voyelles, n'apportent pas une modification bien sensible à la grammaire, dont l'objet est de faire connaître le sens et la construction des mots. » Aristote n'est guère plus scrupuleux ; c'est avec la même complaisance que, dans le chapitre XXI de sa *Rhétorique*, il donne comme une règle le droit de retrancher ou d'ajouter certaines lettres dans les mots qu'on veut rendre plus sonores ou plus majestueux, et qu'il nomme, pour cela, mots étendus ou mots diminués. Comment s'étonner, après cela, des altérations qui vinrent de toutes parts fondre sur une langue si mal défendue ? On comprend dès lors les concessions faites par l'orthographe à la prononciation quand elle permit, sans presque se défendre, l'introduction des trois lettres nouvelles X, H et Ω, créées, dit-on, par Simonide, ou, comme c'est plus probable, par l'archonte Euclide (396 av. J. C.); on blâme moins les dames athéniennes qui, du temps de Platon (*Cratyle*, tome I, p. 418), écrivaient comme on parlait du temps de Pisistrate, et l'on n'est plus surpris d'entendre Lysias (*in Theonin.*, p. 18) et Sextus Empiricus (*advers. Grammat.*, liv. I, ch. I) se plaindre de ce que la continuité des altérations de l'orthographe a ôté tout espoir de succès à ceux qui prétendent remonter à l'origine de la langue grecque. Enfin ce que nous dit le vieux grammairien Héraclide de la confusion des dialectes dans un même mot cesse de nous surprendre. C'est ce grammatiste qui nous apprend comment, dans le seul parfait ειλήλουθμεν, on pouvait reconnaître jusqu'à quatre dialectes : « Ἤλυθα, dit-il, est le parfait commun; avec le redoublement attique, il devient ἐλήλυθα; en ajoutant ι à ε selon les Ioniens, il fait εἰλήλυθα; en ajoutant ο à υ selon les Béotiens, il devient εἰλήλουθα, dont le pluriel, ειληλούθαμεν, donne, par syncope, selon les Eoliens, εἰλήλουθμεν.» Du temps de Lucien, les altérations avaient encore fait des progrès; et on en était à ne plus savoir, tant la prononciation avait pris pied sur l'orthographe, si dans certains mots, comme, par exemple, l'Ἐντελέχεια d'Aristote, on devait mettre un T, ainsi que l'exigeait la rigueur de la langue écrite, ou un Δ, comme le demandait l'euphonie de la langue parlée. Il en était de même pour le T et le Σ : de là, la guerre plaisante que Lucien écrivit entre ces deux consonnantes se disputant l'empire du mot Ταλάσσα que tant de Béotiens s'obstinaient à écrire et à prononcer Ταλάττα. Par bonheur, les grammairiens d'Alexandrie songèrent à arrêter ce débordement de la barbarie dans le langage; comme Vaugelas, chez nous, ils songèrent à fixer les lois de l'atticisme par l'exemple des bons écrivains, par la discussion des locutions contestées et par la proscription sévère des lettres que l'abus des dialectes avait interpolées dans les mots. C'est alors qu'on vit Aristarque revenir sur chaque vers des œuvres d'Homère, et marquer sans pitié de son *obèle* sceptique ou réprobateur tout mot dont l'orthographe corrompue lui semblait une violation de ce texte vénéré. Chaque mot, chaque vers qui, soumis à son criterium de puriste, lui semblait de bas aloi et indigne du grand poëte fut impitoyablement rayé; et Cicéron put dire avec vérité : « *Aristarchus Homeri versum negat quod non probat.* » Les travaux orthographiques d'Eustathe, dans ses volumineux commentaires sur l'*Iliade* et sur l'*Odyssée*, ne furent ni moins minutieux ni moins utiles; ceux d'Ammonius d'Alexandrie, qui nous a laissé une collection de *synonymes* dont il nous fait connaître les différentes nuances, firent beaucoup aussi pour la correction et la pureté de l'orthographe; enfin Jean φιλόπονος (le laborieux) fit bien voir quel empire cette force grammaticale doit toujours garder sur les textes lorsqu'il publia son minutieux recueil des *Homonymes* grecs, dont l'accent et l'esprit constituent seuls la différence. Mais tous ces efforts de tant de savants grammairiens n'arrêtèrent

point la corruption dans les textes et les altérations de l'orthographe. A l'époque d'Adrien et des Antonins, quand la faveur reprit pour les écrivains grecs, pour Hérodote surtout, suivant les assertions d'Appien et de Lucien, les copistes, en multipliant les manuscrits, multiplièrent surtout les erreurs de texte. Ecrivant presque toujours sous la dictée, ils se laissèrent aller à écrire comme ils entendaient, et ainsi toutes les licences de prononciation de celui qui dictait passèrent dans leur copie et y étalèrent comme autant de fautes d'orthographe. C'est de cette manière que le texte d'Hérodote, par exemple, qui, plus que tout autre, demandait des soins et de la correction par respect pour ses formes vieillies, fut complétement dénaturé. Au vieux dialecte ionien, dont les formes paraissaient étranges à ces Grecs du IIIe siècle, fut partout substitué le dialecte attique, devenu dialecte vulgaire. Porphyre se plaignit amèrement des innombrables incorrections qui en résultèrent; vainement aussi le grammairien Philémon travailla pour remédier au mal et rétablir ce qui avait été altéré; les copistes byzantins, les *Græculi* du Bas-Empire devaient faire pis encore. C'est grâce à leur ignorance ou à leur incurie que toutes les abréviations du langage vulgaire, toutes les mutilations, toutes les altérations infligées à la pure orthographe par une prononciation altérée elle-même, se glissèrent dans les manuscrits.

On n'écrivait plus οὐδέν, mais δέν, εἶναι se mit pour ἐστι; souvent même la syntaxe étant victime de la même corruption, le datif disparut dans les mots et fut remplacé par l'accusatif précédé d'une préposition. Une des altérations les plus communes fut la substitution de l'ι à l'η dans tous les mots où cette dernière lettre se trouvait. Rodolphe Western, dans son *Discours sur la véritable prononciation de la langue grecque*, mentionne un psautier d'Oserius, manuscrit du VIIe siècle, où cette faute se trouve à chaque mot. Il en fut de même pour l'υ; partout on le remplaça par l'ι, dont il avait le son dans la langue parlée. De ces transformations de l'η et de l'υ résultèrent pour les mots des altérations dont quelques-unes devaient être consacrées par l'usage; ainsi il ne fallut pas autre chose pour faire du Κύριε ἐλέησον des Grecs le *Kyrie eleison* des églises chrétiennes. Ces erreurs d'orthographe devaient pourtant avoir leur utilité : comme elles étaient nées des empiétements de la langue parlée sur la langue écrite, on en déduisit que la prononciation des Grecs devait être à peu près identique avec l'orthographe de ces textes corrompus, et de plus, comme toutes ces fautes de langage se retrouvent encore aujourd'hui dans le grec moderne, on en tira la conséquence que cet idiome pourrait bien être, surtout quant à la prononciation, le même que l'idiome populaire des Grecs anciens, ainsi que l'a prétendu l'Ecluse dans sa *Dissertation sur la prononciation de la langue grecque* (Toulouse, 1829) ; et comme M. Villemain l'a aussi donné à entendre quand il a dit en parlant du grec moderne : « S'il a perdu les savantes combinaisons et l'ingénieuse économie de l'ancien hellénisme, il en a gardé littéralement presque tous les mots et les sons. » C'est aussi en vertu de la plus ordinaire de ces fautes d'orthographe, la substitution de l'ι à l'η, que s'établit, en dépit d'Erasme et des partisans de l'*étacisme*, cette fameuse règle de l'*itacisme* dont Western nommé tout à l'heure et Vossius (*De idololog.*, liv. II, ch. XVI) se firent les plus ardents champions, et qui, partout admise aujourd'hui, veut que l'η se prononce non comme un *e* long, mais comme *ei*, en prenant ainsi, dit Western, un son mitoyen entre l'ε et l'ι.

A Rome, avant la venue des grammairiens grecs, l'orthographe n'eut d'autre guide que la prononciation. Quintilien le laisse à penser quand il dit, au liv. II, ch. XIII de ses *Institutions*, que les anciens Romains parlaient peut-être « tout ainsy comme ils écrivoient. » (PASQUIER, *Recherches sur la France*, p. 676.) La manière dont la plupart des mots sont écrits dans les plus anciennes inscriptions et dans les textes primitifs en fait d'ailleurs foi ; on y voit que, par un sentiment euphonique inné encore chez les Italiens et conservé surtout dans le dialecte de la Vénétie, le R, consonne trop rude, est presque toujours remplacé par le S, plus doux et plus souple. Dans le premier vers du Chant des frères Arvals et dans le traité de Varron *De lingua latina* (liv. VI, part. II), on trouve *lases* pour *lares;* et Festus dit formellement que les anciens, mettant le *s* à la place du *r*, écrivaient *majosibus*, *meliosibus*, *lasibus*, *fesiis*. L'*e*, qui, selon Cicéron (*De divinat.*, liv. II, ch. XL), était presque toujours muet dans la prononciation, restait de même omis dans les textes; *mar* s'écrivait pour *mare*. Ailleurs, remplaçant cette lettre muette par une voyelle plus sensible, on substituait l'*a* à l'*e*, et au lieu de *camera* on disait *camara*, selon Verrius Flaccus (*Fragments*, n° 42, p. 25). Plusieurs autres lettres, insensibles dans la prononciation, de l'aveu de Suétone (*Augusti Vita*, ch. LXXXVIII), ne s'écrivaient pas davantage. L'*i*, par exemple, se contractait presque toujours : *caldus* se disait et s'écrivait pour *calidus* (VARRON, liv. X, p. 194), et *porgam* pour *porrigam* par une double contraction (FESTUS, édit. Egger, p. 80). Cette sorte d'élision, dont la trace se conserva toujours dans quelques mots, tels que le génitif pluriel *panum*, que César s'obstinait à écrire *panium* dans son livre *De analogia*, est demeurée en principe dans la langue italienne. On pourrait donc, avec Bembo, en déduire la preuve que le langage primitif de Rome, toujours conservé chez la *plebs* romaine, dut singulièrement aider et préparer la formation de l'italien moderne, et que même, pour celui qui sait étudier les deux idiomes à leur commune origine, la langue italienne se montre constamment sous la langue latine. Avec Ennius et grâce à la science grecque dont il propagea la tradition en Italie, cette époque de barbarie grammaticale cessa enfin; la langue latine, dépouillant sa rude écorce, put revêtir les formes plus harmonieuses et plus régulières de l'hellénisme. C'est Ennius qui importa du dialecte étolien dans la langue latine cette lettre R, qui jusque-là en avait été exclue; c'est lui qui, le premier, y introduisit l'usage des lettres doubles, et qui voulut qu'en écrivant aussi bien qu'en lisant on doublât les lettres muettes (*mutas litteras et semivocales*) (FESTUS, p. 42). Dans plus d'un mot, comme *huc* et *illuc*, il apprit à substituer la lettre *o* à la lettre *u*, doctrine suivie et soutenue ensuite par Verrius Flaccus (SERVIUS, *ad Æneid.*, VIII, 423). Plusieurs mots lui durent leur véritable orthographe; ainsi l'adverbe *quum*, que jusque-là on avait écrit *cume*. Ennius, toutefois, eut le tort d'abuser, pour le latin, des formes de l'orthographe hellénique. Dans le désir de plier cette langue aux exigences de l'hexamètre grec introduit par lui dans sa poésie, il renchérit sur les contractions du langage primitif (CICERO, *De divinat.*, liv. II, ch. XL). Il impatronisa, le premier, les formes contractées de l'imparfait en *ebam* au lieu de *iebam*, des troisièmes personnes du pluriel en *arunt* au lieu d'*averunt*, des nominatifs pluriels en *i* pour *ii*, des génitifs en *um* pour *orum*. On le vit aussi recourir trop souvent, au lieu de l'élision, à cette sorte d'aspiration que l'on appelait le digamma éolique (CIC., *Orator.*, ch. XLVIII), et, par l'imitation inintelligente d'une faculté que les homérides ne devaient qu'à la forte accentuation de leur idiome, supposer ainsi, entre les voyelles qui se suivaient immédiatement, des aspirations assez prononcées pour permettre d'allonger la première et d'éviter l'hiatus que produisait leur concours. Par bonheur, cette rude aspiration qu'on indiqua plus tard par un *h* (AULU-GELLE, liv. II, ch. III), et qui ôtait à la poésie latine toute sa souplesse et sa molle harmonie, ne fut guère en usage après Lucrèce (QUINTILIEN, liv. I, ch. IX). Ennius poussa l'abus de l'hellénisme dans le latin jusqu'à remplacer la forme de la première déclinaison en *a* par la forme grecque en *e* et l'accusatif en *um* par la terminaison grecque *on*. Ainsi il donna raison aux satires de Lucilius sur l'*orthographe latine*, et justifia pleinement les plaintes de Nævius s'écriant : *Obliti sunt Romæ loquier latina lingua* (*in Gellio.*, I, XXIV). Les grammairiens qui vinrent après Ennius continuèrent son œuvre orthographique, mais en se gardant mieux des erreurs où sa préférence pour le grec l'avait fait tomber; ils s'attachèrent surtout à retrancher de la langue écrite toutes les formes triviales et tronquées de la langue parlée (*sermo pedestris*), toutes les licences de la prononciation, et en créant ainsi la véritable orthographe ils surent marquer la différence existante entre ces deux variétés de l'idiome latin, « différence qui, selon M. Bonamy, devait consister surtout dans la manière d'accentuer les consonnes, dans les sons divers attribués aux mêmes voyelles, et dans le retranchement de quelques lettres et même de certaines syllabes. » (*Acad. des inscript.*, XXIV, p. 582.) Ainsi disparurent tout à fait de la langue littéraire toutes ces façons de parler encore en usage au temps d'Auguste, et alors, selon Suétone, on put continuer de dire *ixi* en parlant, mais l'orthographe voulut qu'on écrivît *ipsi*. Caton, au dire de Quintilien, put toujours prononcer *dicem*, *faciem*, *legem;* mais, en vertu d'une rigoureuse orthographe, il dut écrire *dicam*, *faciam*, *legam*. Il en fut de même pour une foule de mots : on prononça *poplo*, comme on le lit dans beaucoup d'inscriptions en bas langage et dans le serment corrompu de 842, mais on écrivit *populo;* *dixti* fut le mot prononcé, *dixisti* le mot écrit; la prononciation s'accommoda de *purisme*, mais l'orthographe exigea *purissime*, etc. De cette manière, le langage vulgaire fut redressé, et on satisfit aux prescriptions de Varron s'écriant : « *Itaque ut suam quisque consuetudinem, si mala est corrigere debeat; sic populus suam.* » Le latin ainsi restitué exigea, pour les besoins de son orthographe, l'introduction de nouvelles lettres dans son alphabet; l'affranchi Sp. Carvilius, l'un des successeurs d'Ennius, y fit donc admettre le G des Grecs. Vers le même temps le K, patroné par le maître d'école Sallustius, y prit aussi droit de bourgeoisie (Isidore, *Orig.*, ch. iv). Le *x* et le *z*, procédant l'un du ξ, l'autre du ζ des Grecs, furent de même incorporés dans l'alphabet latin, mais ils n'y firent pas grande figure; Verrius Flaccus les place parmi les lettres muettes, et ne les considère que comme des demi-tons (*semivocales*) du *c* et du *d* (Velius Longus, *De orthographia*, p. 2216). Le *z*, pourtant, fut employé avec avantage dans les mots grecs latinisés : c'est Quintilien qui nous l'apprend (liv. XII, ch. x). Il cite pour exemple les mots *zephyrus* et *Zopyrus*, qui, écrits en lettres romaines, auraient produit un son sourd et presque barbare (*surdum quiddam et barbarum efficient*), et il en prend occasion de dire que le *z* est la plus douce des consonnes. Il en fut de même pour l'*y* : on le substitua d'abord dans quelques mots à l'*u* latin toujours prononcé *ou*, et on lui donna le son de notre *u* français (Den. d'Halicarn., *De comp. verb.*, xiv). Verrius Flaccus ne le reconnaît même propre qu'à cet usage (Velius Longus, *ibid.*, p. 2215). Mais, plus tard, selon Quintilien, on lui trouva une valeur différente, mitoyenne entre l'*i* et l'*u*; et c'est alors surtout qu'on le fit prévaloir dans la transcription des mots d'origine hellénique. Ainsi, pour ne citer qu'un exemple, le nom grec Πυρρος, qu'Ennius et les anciens Romains avaient latinisé en *Purrus* (CICERO, *Orator*., ch. XCI), commença à être écrit *Pyrrhus*, grâce à cette nouvelle valeur orthographique de l'*y*, et grâce aussi à l'intercalation du *h* destiné à marquer l'aspiration qui suivait toujours en grec le redoublement de la lettre ρ. Par tous ces derniers faits on est amené à voir chez les grammairiens de Rome une tendance vers l'orthographe étymologique. D'autres exemples nous prouveront que chez plusieurs, chez Verrius Flaccus surtout, cette tendance était arrivée à l'état de système. Chaque fois que Verrius hasarde une orthographe, c'est qu'il a pour lui l'étymologie du mot : veut-il rectifier l'orthographe vicieuse de *numenclator*, il décompose le mot, recourt à sa racine et prouve qu'il faut écrire *nomenclator*, « *velut nominis calator* » (*Charisius*, I, p. 282) ; il fait de même pour *polenta* que plusieurs écrivaient *pulenta* (*id*., p. 75) ; pour le verbe *incohare* il prouve que, contrairement à ce qu'a dit Julius Modestus, il faut mettre l'aspiration (le *h*) après et non avant la lettre *o*, parce que ce verbe ne vient pas de *chao*, mais du mot *cohans*, qui, chez les anciens, signifiait monde, « *unde subtractum incohare* » (*Diomedes*, I, p. 361). C'est le même Verrius Flaccus qui voulait qu'en vertu de la synalèphe on ne mît pas le *m* tout entier, mais seulement une partie de cette lettre à la fin d'un mot, lorsqu'elle devait s'élider avec la voyelle commençant le mot suivant, et cela pour faire bien voir qu'à cause de l'élision on ne devait pas la prononcer (VELIUS LONGUS, *De orthogr.*, p. 2238). — Auprès du système orthographique de Verrius Flaccus et en opposition avec ses tendances étymologiques, d'autres s'étaient établis ; celui, par exemple, qui voulait soumettre l'orthographe à la prononciation et que patronait Auguste lui-même. Il y eut aussi le système un peu rétrograde qui, s'en tenant toujours aux doctrines d'Ennius, subordonnait obstinément à l'hellénisme les règles de l'orthographe latine. Un affranchi athénien nommé Atteius le Philologue soutint et popularisa ces principes, et Salluste, qui vivait dans sa familiarité, les adopta. S'il faut même en croire les remarques d'Asinius Pollio sur cet historien, ce serait à l'influence d'Atteius, plus encore qu'au souvenir du livre de Caton *sur les origines*, comme le prétend Suétone, qu'il faudrait attribuer l'abus des terminaisons archaïques trop fréquentes dans ses ouvrages. Ces formes vieillies de l'orthographe de Salluste ne se perdirent pourtant jamais; toutes condamnées qu'elles fussent par la saine grammaire, elles étaient en pleine faveur sous le règne d'Adrien, fort enclin lui-même au goût du vieux langage (SPARTIAN., *in Adriano*). Quintilien s'opposa vainement à cette perpétuité de l'archaïsme dans la langue et dans l'orthographe ; il voyait qu'ainsi le latin allait se corrompre en remontant à sa source barbare. La langue parlée, moins accessible à ces pédanteries archaïques, s'était en quelque sorte conservée plus pure que la langue écrite ; il en profita pour la faire réagir sur les altérations de l'autre en les rendant toutes deux solidaires. « Si vous écrivez mal, dit-il, vous finirez par mal parler. » *Quod male scribitur, male etiam dici necesse est*. De là Quintilien devait être amené à faire quelques concessions au système d'orthographe phonographique qui, depuis Auguste, n'avait pas lui-même cessé d'exister ; c'est ce qu'il fit. Il permit, mais toujours sous la sauvegarde du grammairien, *nam hoc valere plurimum debet*, de ne pas écrire dans un mot plus de lettres qu'on n'en prononce, « les lettres ne faisant que garder les sons et devant les transmettre aux lecteurs comme un dépôt » (*Instit. orat.*, liv. VII). Mais ces concessions allaient bientôt donner entrée, dans la langue latine, à des licences d'une autre sorte et non moins funestes. La langue écrite, subordonnée ainsi à la langue parlée, participa, dès lors, aux altérations triviales, aux idiotismes d'orthographe qui, même dans les meilleurs temps de la littérature, avaient toujours menacé de l'envahir. On vit, par l'abâtardissement successif de la latinité, ce qu'il en coûte à un idiome, quand on admet entre le langage populaire et la langue littéraire une com-

3

munauté prématurée d'expressions et d'orthographe, quand on se départ enfin du principe si noblement formulé par Cicéron : « J'ai laissé l'usage de parler au peuple, et je m'en suis réservé la science. » L'orthographe vicieuse s'en prit d'abord aux diphthongues, on se mit à les écrire et même à les scander, en poésie, comme on les prononçait. La diérèse fut admise pour la diphthongue *eu*, dont on fit deux syllabes (FORCELLINI, au mot *neuter*). L'*u* en revanche, qui, dans la prononciation, avait toujours eu la valeur d'une diphthongue, commença à s'écrire *ou*. C'est même, sans doute, pour mettre les mots dérivés du grec et portant l'*upsilon* tout à fait en garde contre cette vicieuse synérèse, qu'on admit, ainsi que nous l'avons dit, l'*y* dans tous les vocables helléniques. De cette manière, on garantit pour toujours à cet *upsilon* latinisé le son mitoyen entre l'*u* et l'*i* que, selon Grégoire de Corinthe (p. 619, *édit. Schæffer*), il avait toujours eu dans l'éolien, dialecte grec qui fut, comme on sait, la principale source du latin. Le *x*, qu'on prononçait comme le *s*, parut dans les mots à la place de celui-ci ; on écrivit *vexanus* pour *vesanus* ; le *h* avant les voyelles subit sans cesse des transpositions ; on écrivit *ad libitum Pytho* et *Phyto* (DU CANGE, v, 237 et 528) ; puis on en revint à ces malheureuses contractions qui, en achevant la corruption de l'orthographe, devaient faire rétrograder sur elle-même la latinité du siècle d'Auguste et la ramener sur la trace de l'élément osque qui l'avait constituée (J. GROTEFEND, *Rudim. linguæ oscæ*, p. 19 et 20). Les lettres *j* et *g*, apportées par les Grecs, disparurent des mots par la seule force de cette contraction barbare. On fit arbitrairement de l'*i* et de l'*u* des voyelles et des consonnes, quelquefois même on les élida complétement; *ejus* et *novam* devinrent ainsi des monosyllabes dans les vers (HENNAM, *Elementa doctr. metr.*, p. 65). C'est en vertu d'une semblable licence que Lucain, subordonnant la langue au besoin de ses hexamètres, put écrire *obicio* au lieu d'*objicio* (LIV. VIII, v. 796); ailleurs on écrivit *mi* pour *mihi*, comme avaient fait Plaute et les comiques; *ascultà* fut mis pour *ausculta; assidos* pour *assiduos*. Le *g*, retranché du mot *magis*, constitua le mot *mais*, qui passa dans notre vieux langage sans autre altération et qui se maintient encore dans la phrase « je n'en puis mais. » C'est encore à l'orthographe fautive née de ces contractions que nous devons plusieurs autres mots : *fust*, altéré de *fuerit*, arriva ainsi dans notre langue; de même *prendere*, à qui nous n'eûmes plus qu'à faire subir l'élision de l'*e* antépénultième ; enfin nous devons à la même origine le pronom *elle*, qui vient de *en illa* et n'est qu'une contraction déjà consacrée par Térence dans les *Adelphes* (acte III, sc. IV, v. 25) et dans *l'Andrienne* (acte V, sc. II, v. 14). Du reste, la corruption ne se glissa pas dans la langue latine que sous cette seule forme de l'élision et de la contraction ; l'abus contraire s'y fit de même jour. On vit les lettres doubles reparaître dans les mots d'où l'orthographe de la bonne latinité les avait repoussées comme parasites : dans *torum*, l'orthographe, sacrifiant encore à la prononciation, dut admettre deux R (Festus, p. 245) ; ce fut de même pour *religio*, qu'on n'écrivit plus que *relligio* ; pour *nobilis* on revint à la forme euphonique dont s'étaient servis Plaute et tous les comiques, en écrivant *gnobilis*, comme on avait toujours prononcé, et la filiation du dérivé *ignobilis* n'en parut que plus évidente (*id.*, p. 65). Ces lettres doubles, se glissant dans les mots et ajoutant à leur rudesse, sentaient déjà la barbarie. C'est même par cet abus que l'élément tudesque se révéla d'abord dans la latinité. On vit, pour mieux marquer la dure accentuation qu'avait prise le latin dans la bouche des barbares, des lettres imprévues s'intercaler dans les mots et dénaturer leur physionomie. Partout le *c* fut mis devant le *h* pour rendre l'aspiration plus forte ; on écrivit *michi* pour *mihi*, *nichil* pour *nihil*. Ailleurs, surtout dans les pays de langue gothique comme l'Espagne, le *f* dut se changer en *h* par l'effet d'une sorte de digamma éolique sous-entendu. Les mots où se trouvent des lettres doubles furent presque tous modifiés et rendus plus rudes par cette orthographe barbare féconde surtout en rudes consonnes; ainsi, pour ne citer qu'un exemple, *damnum* s'écrivit *dampnum*. L'alphabet romain, créé pour un langage plus harmonieux, ne suffit bientôt plus aux besoins de la nouvelle orthographe; il ne se trouva pas assez fourni en âpres consonnes, en rocailleuses voyelles. Aussi vit-on le roi Chilpérick vouloir y introduire de nouveaux caractères empruntés, selon Pithou et Fauchet, à la langue syrienne, selon d'autres à la langue grecque, dont les caractères n'auraient même fait que reproduire les lettres doubles. Ainsi l'H, qui n'était qu'une simple articulation de l'*epsilon* avant de passer lui-même à l'état de lettre; ainsi les trois aspirées Θ, Φ, X; les véritables lettres doubles Z, Ξ, Ψ, Ω, qui ne sont que des ligatures de δσ, κσ, πσ, οο; ainsi toutes les lettres que les Grecs eux-mêmes n'avaient ajoutées aux seize autres que pour les besoins de leur langue perfectionnée (PLUT., *Quæst. platon.*, p. 1009), et que les Romains avaient repoussées pour la plupart (PRISCIEN, p. 7), ne se seraient glissées dans le latin, et, par suite, dans le français, où elles formèrent les lettres doubles *ph*, *th*, *ch*, etc., que par la volonté d'un roi mérovingien! Cette tentative étrange ou du moins prématurée, dont nous ne trouvons l'égale que dans celle de ce fou du XVIe siècle, qui, pour mieux marquer la prononciation de quelques mots italiens, y intercalait l'*oméga* et l'*êta* des Grecs, n'eut aucun succès; la seule lettre inconnue des Romains, que nous trouvons dans quelques mots latins du moyen âge, est le *w;* dans un poëme sur saint Thomas Becquet, par exemple, nous lisons *ewagelium* pour *evangelium*. Ainsi Rome subissait jusque dans son langage le joug des barbares qui l'avaient conquise : « par ainsy, dit Estienne Pasquier, nos anciens Gaulois empruntant, comme j'ay dit, du romain leurs paroles et les naturalisant entre eux suivant la communauté de leur esprit et de leur langue, les rédigeaient vraisemblablement par escrit comme ils les prononçaient. » (*Recherches de la France*, p. 676.) Charlemagne et les savants de son école palatine s'opposèrent de tous leurs efforts, et presque toujours utilement, aux progrès de cette orthographe viciant et dénaturant tous les textes. « Le besoin de purger les auteurs latins des fautes dont l'ignorance des copistes les avait remplis, dit M. Letronne, tourna les esprits vers l'étude de la grammaire. Une foule d'ouvrages parut sur cette science. Rhéginon commenta Martien Capella; Remi d'Auxerre, les ouvrages de Donat et de Priscien, etc. Les questions les plus futiles sur l'orthographe furent traitées avec un sérieux, une importance qui maintenant nous paraissent ridicules, mais qui eurent le grand avantage d'empêcher que la bonne orthographe des mots continuât de s'altérer. » (*Recherches géogr. sur Dicuil*, p. 34.) La corruption, ainsi arrêtée dans la langue écrite, n'en poursuivit pas moins ses progrès dans la langue parlée ; le germe des idiomes modernes issus de ces altérations successives n'en fermenta et ne s'en féconda que mieux; notre langue en naquit.

Le latin, en s'impatronisant dans les Gaules par l'impérieuse volonté des vainqueurs, s'était tout d'abord dénaturé au contact du celtique , idiome populaire des vaincus. Les règles de sa grammaire furent longtemps respectées, mais celles de son orthographe y furent tout d'abord violées sans pitié : c'est le résultat indispensable de la naturalisation de toute langue nouvelle dans un pays étranger; elle ne remplace l'idiome proscrit par elle qu'à la condition de se plier elle-même aux habitudes de prononciation inhérentes à cet ancien langage. Le latin, forcé de subir ici cette exigence , y perdit, mieux encore qu'en Italie, par la transformation complète de son alphabet et le changement de valeur de ses lettres , toute la pureté de son ancienne orthographe. Les voyelles furent toutes transformées; on les écrivit indifféremment les unes pour les autres ; ou bien on les changea en diphthongues et le plus souvent en diphthongues sourdes, comme *eu*, *au*, *our*. Ce fut pis encore pour les consonnes, dont aucune ne garda sa première valeur tant dans la prononciation que dans l'orthographe : B se transforma en *v*, C en *ch*, D en *t*, F en *h*, comme nous l'avons vu pour le pays de langue gothique; G en *j*, L en *r*, M en *n*,

N en *l*, en *r*, et même en *u;* P en *b*, *v*, *f;* QU en *gu;* S en *z*, *r;* T en *d;* V en *b:* de plus, dans le milieu des mots, les consonnes B, C, D, P, T, V se perdirent d'ordinaire, contrairement à ce que nous avons vu pour les idiomes tudesques. Le celtique, en s'assimilant le latin, lui faisait subir ici la brièveté presque monosyllabique qui, autrefois et de l'aveu même de Diodore, était son essence et son originalité. « Aussi, transplantant la langue romaine chez eux, dit Pasquier, ils accourcirent les paroles de ces mots : CORPUS, TEMPUS, ASPERUM, et autres semblables, dont ils firent *corps*, *temps*, *aspre*, avec une prononciation, comme il est à croire, de toutes les lettres. » (*Recherches de la France*, p. 675). Cette brièveté gauloise, appropriée au latin, céda pourtant quelquefois, devant l'euphonie, assez même pour admettre en sa faveur l'adjonction d'un *e* en tête de tous les mots commençant par un *s* suivi d'une consonne. Il y eut même des mots latins qui s'accommodèrent à la fois et de cette brièveté s'attaquant aux désinences, et de cet *e* euphonique adoucissant la première syllabe. Ainsi, SPIRITUS, pour former notre mot *esprit*, dut perdre de cette manière, par l'influence du celtique, sa désinence toute latine, en même temps qu'il admit l'*e* initial; quant au premier *i*, il avait suffi d'une simple contraction, toute naturelle même en latin, pour le faire disparaître. La transformation de *studium* devenu notre vieux mot *estude* s'opéra de même ; seulement, ici, par une autre règle de l'ancien celtique, on fit intervenir à la désinence l'*e* féminin « incognu, dit Pasquier, à toutes autres nations : lettre qui est mitoyenne entre la voyelle et la consonnante prononcée trop affectément en la fin d'une diction. » Les substantifs ne furent pas seuls à se plier aux lois de cette brièveté gauloise. Pour les pronoms et pour les verbes il y eut même économie de voyelles et de consonnes : *quam ille* se contracta en *kil*; *fuit* s'écrivit *fu; amavit* fit *ama* ; *amabam* devint *amave* , forme conservée encore, selon M. Dugas-Montbel, chez les paysans lyonnais (*Rev. franc.*, IX, p. 41). Quand les barbares vinrent en Gaule, le latin, déjà modifié par le celtique, fut contraint de subir encore de nouvelles transformations ; car, de toutes parts, les idiomes francisque et burgonde dérivés du germanique, et la langue normande issue du scandinave, se greffèrent sur lui et le pénétrèrent. Ces langues nouvelles, incorporées à l'ancienne, lui constituèrent autant de dialectes altérant, chacun à sa manière, son génie et son orthographe. Le francisque, qui eut surtout action sur le latin parlé dans l'Artois, le Hainaut, les Flandres et la Picardie, provinces tenues d'abord par les Francs, forma, par ses altérations, le *dialecte picard ;* de la langue des Burgondes naquit le *dialecte bourguignon*, qui se parla en Bourgogne, dans le Nivernais, le Berry, l'Orléanais, la Touraine, le bas Bourbonnais, l'Ile-de-France, la Champagne, la Lorraine, la Franche-Comté, c'est-à-dire dans presque tous les pays de la langue d'oil, et fit ainsi le fond du français ; enfin de la langue des Normands provint le *dialecte normand*, répandu dans la Normandie, le Perche, le Maine, l'Anjou, le Poitou, la Saintonge et même l'Angleterre, où, fondu avec le saxon, il devint la langue anglaise. Tous ces dialectes avaient, nous le répétons, entre leur prononciation et, partant, entre leur orthographe, mille différences bien tranchées qui devaient réagir plus tard sur la langue française, formée elle-même de leurs débris divers. Dans le *dialecte normand*, l'*i* était rejeté de presque toutes les syllabes en *ie*, *ier*, *air ;* il fallait donc qu'on écrivît *derrere*, *lesser*, *plere :* les formes sèches y étaient aussi presque toujours substituées aux formes mouillées. La plupart de nos syllabes en *eu*, *ou*, *oi*, *on*, *or*, *o* s'écrivaient par un *u* simple ; les diphthongues, qui y sont fort rares, n'y paraissaient que pour devenir dissyllabiques ; *au* se prononçait *a-u*. Cette nouvelle valeur de l'*u* devait prévaloir au XVIe siècle dans toute la langue et faire dire à Pasquier : « l'*u*, ainsi que nous le prononçons maintenant, en français, nous est du tout propre et pareillement venant de l'ancien estoc des Gaulois. » Dans ce dialecte, le *t* final se changeait souvent en *d : fud* au lieu de *fut*. Quant à notre diphthongue *oi* empruntée au dialecte bourguignon, les Normands lui substituaient *ei* ou *e;* c'est même de la fusion de ces deux orthographes, de la conciliation de l'*ei* normand avec l'*oi* bourguignon ou français que se forma la désinence *ai* de l'orthographe soi-disant voltairienne. Ce qu'il est même bon de faire observer ici avec M. Fr. Wey, c'est que c'est un Normand, Nicolas Berain, qui, comme nous le verrons plus tard, proposa, le premier, en 1675, de substituer *ai* à l'ancienne orthographe des imparfaits. Entre les dialectes normand et picard il y avait opposition formelle. Cette différence n'est pas encore effacée aujourd'hui, et dans le langage de la Flandre française nous trouvons toujours les sons grêles et secs du bas normand remplacés par des intonations pleines et sourdes. Le *dialecte bourguignon*, l'ancien français par excellence, ajoutait volontiers un *i* à tout *a* pur ou à tout *e* fermé placés au milieu ou à la fin des mots : demandé s'écrivait *démandei; gouverneir* se prenait pour gouverner; *peire* pour père; *lai* pour là; *bleit* pour blés; *jai* pour jà (déjà); « l'*o*, dans toutes les syllabes, hormis dans celles où il est suivi d'un *r*, dit Georges Fallot, était en *on* en Flandre et *oi* en Bourgogne. *Bon*, *Bourgogne* deviennent donc *boun*, *Bourgougne*, ou *boin*, *Bourgoigne.* » — On comprend, d'après toutes ces variétés de dialectes incompatibles entre eux, combien les variantes d'orthographe pour un même mot, dans un même manuscrit, devaient être nombreuses et arbitraires : « escript li un en une guise et li aultre en une altre, et tout eusi est-il dou lire, » dit un vieil écrivain cité par Roquefort dans son *Glossaire* (I, p. 492). Pour multiplier encore ces variantes, il arrivait souvent que le copiste chargé d'écrire le manuscrit substituait son orthographe à celle de l'auteur; or, pour peu qu'il fût Bourgnignon, tandis que celui-ci était Normand, vous voyez quelle confusion orthographique devait en résulter pour le texte : « Les copistes copiaient, dit Pasquier (liv. VIII, ch. III), non selon la naïfve langue de l'autheur, ains selon la leur. » Le chaos était tel, que M. Edel. Duméril a compté jusqu'à trente variantes pour un mot dans le même ouvrage, voire dans la même page. Roquefort va même jusqu'à indiquer trente-huit manières d'écrire le mot AINS *avant* (*Etat de la poésie franç.*, p. 422, 425). Ainsi, l'unité de la langue n'était nulle part dans l'orthographe; pour la trouver, il fallait la demander aux quelques règles grammaticales, qui avaient pu survivre en Gaule à l'extinction de la latinité et de la syntaxe, et qui, toutes faibles et mal établies qu'elles fussent, avaient pourtant encore le mérite d'être à peu près identiques pour tous les dialectes, et d'établir ainsi une sorte de lien entre eux. C'est même sur ces règles fondamentales, dont la trace ne s'est jamais effacée, que se basent encore quelques-uns des principes les plus étranges et, en apparence, les plus anormaux de notre moderne orthographe. N'est-ce pas, en effet, de l'une d'elles, retrouvée par M. Raynouard (*Gramm. romane*, ch. II, p. 26), comme un dernier débris des déclinaisons latines, que résulte l'addition du *s* final dans le pluriel des mots. D'abord, dans les temps primitifs de la langue, ce *s* final ne servait pas à désigner exclusivement le pluriel, car on le retrouve également employé dans les mots au singulier. Il servait comme de lettre de flexion : lorsqu'il était annexé à un mot singulier, il indiquait que ce mot était sujet ou nominatif de la phrase, et semblait prendre ainsi la place du *s* terminant au nominatif singulier les déclinaisons latines en *us*, en *is*, etc.; quand il suivait un pluriel, il marquait, au contraire, que le mot était régime; et là c'était le *s* final des accusatifs latins en *os* et en *es* qu'il remplaçait. Quand les mots étaient sujets au pluriel et régimes au singulier, le *s* final, en revanche, n'y intervenait pas. C'est qu'en effet, dans la seconde déclinaison latine en *us*, qui semble être la base de cette règle, on ne trouve un *s* ni à l'accusatif singulier (*Dominum*), ni au nominatif pluriel (*Domini*). Une telle règle était trop complexe pour rester longtemps en vigueur dans un siècle d'ignorance ; peu à peu elle s'effaça, et, vers la seconde moitié du XIVe siècle, elle s'était réduite à l'usage encore existant du *s* ajouté au pluriel des mots. Chaque fois que les consonnes désinentielles *c*, *d*, *f*, *g*, *p* se trouvaient devant ce *s* final, elles s'élidaient; ainsi *buef*, par exemple, faisait au pluriel *bues*. Les substantifs des deux genres en *t* final perdaient invariablement le *t* devant ce même *s;* seulement, pour marquer cette suppression du *t*, on remplaçait le *s* de flexion par un *z*. On agissait de même à l'égard du *d* final. La règle nouvelle, qui veut que, dans les mêmes cas, on supprime aussi le *t* et le *d*, et que, par exemple, on écrive *enfans* au pluriel, trouve ainsi son précédent et sa raison dans cette orthographe du moyen âge. Nos substantifs féminins en *é : bonté*, *fierté*, etc., qui, primitivement, se terminaient en *et*, en *eit* et en *ed*, suivirent la même loi; le *t* en fut supprimé au pluriel, et le *z*, qui y remplaça le *s* à cause de cette suppression, suffit pour conserver, à l'*e* qui précédait, le son aigu, sans le secours d'un accent. Au XVIIe siècle, le *z* y marquant toujours le pluriel, on écrivait encore *vos bontez*, etc. Cette forme contractée du *ts* représenté par le *z* final s'applique, par analogie, à une autre série de vocables, à ceux, par exemple, qui, au lieu du *s*, admettent le *x* final à leur pluriel, tels que *cieux*, *lieux*, *feux*, *chevaux*, etc... Au XIIIe siècle, les mots en *al*, *el*, *il*, *ol*, *œil*, *eil*, *oil*, qui, plus tard, devaient adopter les formes contractées en *au*, *eu*, *ou*, « car, écrit M. Ampère, on dit *val* avant de dire vau, *capel* avant chapeau, *fol* avant fou » (*Hist. de la langue franç.*, p. 233), formaient d'abord leur pluriel comme les mots en *t* et en *d* final dont nous avons parlé plus haut, c'est-à-dire en rejetant la dernière consonne pour se terminer par la voyelle pénultième suivie du *s*. Mais alors, entre ces mots accidentellement terminés en voyelles par la suppression de la dernière consonne, et ceux à qui la terminaison en *a, e, i, o* était naturelle et propre, il y avait confusion ; on y obvia en ne procédant plus par élimination de la consonne, mais par contraction en *x* de cette consonne finale avec le *s* pluriel. On eut donc des pluriels en *ax*, en *ex;* formes trop rudes que, par bonheur, la contraction des singuliers *al* et *el* en *au* et en *eu* permit bientôt d'adoucir, et qui devinrent ainsi définitivement nos désinences en *aux* et en *eux*. Cette règle, toute durable qu'elle soit demeurée, ne devait pourtant laisser, pour les grammairiens des siècles suivants, aucune trace de son origine : sous Louis XIV personne n'en connaissait les causes premières, et le roi, ayant voulu avoir la raison de ces pluriels irréguliers, ne put être satisfait. Ménage lui-même avait été vainement consulté ; après quatre longues pages de dissertation, ses conclusions avaient été : 1° que ce *x* final a pour but « de marquer l'étymologie des mots en rappelant leur orthographe latine ; » ainsi *cieux* lui aurait mieux rappelé *cælum* que l'autre pluriel *cieus !* 2° il ne serait pas surpris que cette façon d'écrire provînt de la prononciation italienne du *x* en *s* : 3° il suppose « qu'on a usé de cette lettre à cause de l'*effet agréable qu'elle fait à la vue* à la fin des mots. »—Voilà, certes, d'admirables raisons! Toutes sérieuses qu'elles sont, elles peuvent, selon nous, aller de pair, pour l'effet comique, avec la plaisante réponse de Scaliger, qui, interrogé sur le *s* que les Français ajoutaient à son prénom de Jules, répondit qu'on donnait une combinaison plurielle à son nom comme s'il était lui-même plusieurs hommes (SAINT-RÉAL, *De la critique*, ch. XI). Au XVIe siècle, Henri Estienne et Jacques Pelletier n'avaient pas été plus habiles que Ménage à donner raison de ce pluriel anormal en *aux;* Jacques Pelletier, en fin d'arguments, s'en était même pris de cette étrangeté grammaticale à la légèreté des Français, qui, à peine, distinguent un *o* d'un *r*, et qui, se défiant de leur vivacité et craignant de mettre lettre pour lettre, en ont entremêlé d'autres pour obvier à cet inconvénient. « De peur qu'on lût *dens* par *n* au lieu de *deus* par *u*, ils se sont advisez d'y mettre *x* au lieu de *s* : se pensans, comme gens bien prévoians, que jamais on ne lirait *dens* par *nx* à la fin. » — L'*y*, cette lettre objet de tant de disputes et d'un emploi si contestable encore aujourd'hui, ne nous semble pas avoir été admis dans le français du moyen âge. D'après cela, son introduction dans tous nos mots vieux ou nouveaux qui ne dérivent pas du grec serait une intrusion irréfléchie, un abus avéré. « Dans aucun manuscrit ancien, français ou latin, dit M. Géraud, je n'ai jamais remarqué l'*y* à la place de deux *i*, ni dans le milieu, ni à la fin des mots. Pour me borner à des exemples français, ajoute-t-il, on écrivait, non comme aujourd'hui, *pays*, *loyalement*, *octroyer*, mais *pais*, *loiaument*, *octroier*, etc. Je serais donc porté à croire que l'emploi de l'*y*, dans ces mots et dans les autres du même genre, est l'œuvre de ces savants en *us* des XVe et XVIe siècles, lesquels, ayant reconnu la nécessité des deux *i* qui avaient échappé à leurs barbares ancêtres, écrivirent d'abord *paiis*, *octroiier*, *loiial*, et imaginèrent ensuite, peut-être pour remédier à cette disgracieuse combinaison typographique, de remplacer les deux *i* par un *y*. » Ce qui prouverait qu'en effet il faut renvoyer à ces savants, dont il nous reste à parler, à ces réformateurs de notre orthographe des XVe et XVIe siècles, le tort de cette introduction arbitraire de l'*y*, ce sont les prescriptions grammaticales de Jacques Sylvius écrivant en 1581 : « Les Français ne doivent mettre l'*y* qu'aux mots grecs écrits par *υ*, et écrire *ami*, *loi*, *roi*, non *amy*, *loy*, *roy*. » (*Isagoge in linguam gallicam*, 1531, in-4, p. 34.) Il va jusqu'à vouloir, à l'imitation de nos vieux auteurs et, entre autres, de Ville-Hardouin, qu'on écrive l'adverbe *y* par un *i* simple, et il met lui-même, « Il n'*i* est pas, » s'appuyant sur ce que cet adverbe vient du latin *ibi.* Les savants qu'il combattait ainsi, en s'autorisant de l'étymologie, faisaient pourtant eux-mêmes de cette grande force orthographique la principale raison des réformes qu'ils apportaient alors dans notre langue écrite. Par malheur ils avaient, comme c'est l'ordinaire, poussé jusqu'à l'abus, jusqu'à la manie la science qu'ils pouvaient avoir des étymologies latines. Leur amour des origines leur faisait appliquer partout, et le plus souvent par une fausse analogie, des lettres complémentaires à des mots qui n'en comportaient pas. Lisez les auteurs de ce temps, lisez surtout Rabelais, Desperriers, Ronsard, chez qui se trouve en pleine floraison cette vicieuse orthographe toute grossie de radicaux et de signes étymologiques, et vous n'y verrez pas un mot sur lequel ces savants en *us* n'aient greffé au moins une ou deux lettres parasites en vertu d'une prétendue origine latine. Par là, tout notre vieux français perdit sa physionomie originale. Sous Philippe le Bel, on écrivait encore les mots avec leur brièveté première, brièveté heureusement rétablie depuis : ainsi *douceur*, *évêque*, *subjet.* Mais, quand les grands étymologistes arrivèrent, il fallut changer tout cela; il fallut, à tort ou à droit, marquer chaque mot au cachet de sa latinité. Force fut d'écrire *doulceur*, *évesque*, *subject.* La raison était que *l* de *dulcis* devait se faire sentir dans son dérivé *doulceur*, le *s* d'*episcopus* dans son conséquent français *évesque*, et que le *c* ne devait pas être moins sensible dans *subject* que dans son radical *subjectus*. Souvent l'étymologie n'autorisait en rien l'annexion des lettres nouvelles : pourquoi, par exemple, écrire *feust?* il n'y a rien dans le radical *fuit* pour justifier cette orthographe; pourquoi aussi *esmotion*, *veoir*, *plaintifve?*

La prononciation, chez le peuple surtout, n'avait pas suivi l'orthographe dans cette voie pédante où l'égaraient les savants. Aucune de ces lettres étymologiques arbitrairement intercalées « dans les mots orthographiés par art, » comme dit Fabri en 1534, n'était devenue sensible pour la langue parlée; on en a la preuve par ce passage de la *Relation des ambassadeurs vénitiens en France* en 1557. « Devant *li*, *lo*, *o*, *m*, le *s*, encore qu'il soit écrit, ne sonne presque jamais. Par exemple, mon *hoste*, prononcez mon *ôte*; — un enfant *masle*, prononcez enfant *malle*, Dans ce dernier cas, on double le *l* pour remplacer le *s*, qui se mange. On écrit *abysme* avec un *s* et l'on prononce sans *s* *abîme*. Toutes ces règles sont sujettes à beaucoup d'exceptions et de commentaires; il y faut beaucoup d'étude. » (*Docum. inéd. de l'hist. de Fr.*, *Relat. des ambassad. vénit.*, II, p. 586.) Ainsi, dans la prononciation restée simple se trouvait la continuelle critique de l'orthographe devenue pédante. C'est donc à cette même prononciation que certains écrivains de ce temps, prétendant débarrasser enfin notre langue des entraves de cette orthographe latinisée, demandèrent les principaux éléments de leurs réformes. Louis Meigret, C. de Taillemont, P. Ramus furent ces réformateurs, hardis antagonistes des latinismes dans l'orthographe, mais malheureusement aussi, fauteurs trop exclusifs de la prononciation réagissant sur la langue écrite. Meigret surtout voulait que l'assimilation fût complète : afin que dans ses écrits « les lettres fissent en entier leur devoir envers la prononciation, et non plus, » nulle étrangeté ne lui coûta ; il fit main basse sur l'*e* muet à la fin de tous les mots où il se trouve, et, comme pour faire foi de sa suppression, il le remplaça par l'apostrophe, signe créé, en 1533, par Florimond et conseillé, comme d'un bon usage, par Dolet, dans son *Traité des accents* (1541). Meigret retranchait aussi de la plupart des mots l'*u* suivant la lettre *q*; dans *équitable*, par exemple, et cela afin qu'on ne le prononçât point comme dans *équestre*. Il soutenait encore qu'il faut retrancher des mots ayant deux consonnes doubles celle qui ne sonne pas dans la prononciation. Le *n* était de même éliminé par lui dans quelques troisièmes personnes du pluriel des verbes où il n'est pas sensible; un accent marquant la longueur de la syllabe remplaçait la lettre supprimée. Cette règle, quoique attaquant les principes de notre langue, et, pour cela, justement critiquée par Guillaume des Autels dans son *Traité touchant l'ancienne écriture de la langue françoise*, fut pourtant imitée par Pelletier, Joubert et Ramus, successeurs et singes de Louis Meigret ; encore ceux-ci n'eurent-ils pas soin de maintenir l'accent qui marquait, chez Meigret, la suppression du *n*. Les disciples, tout en imitant le maître et suivant les prescriptions de son *Trètté de la grammère françoeze*, en faisaient donc aussi parfois à leur guise; ce seul exemple le prouverait. Pasquier, d'ailleurs, le leur a vertement reproché : « Tous les quels, dit-il, ores qu'ils conspirassent à mesme poinct d'orthographe, et qu'ils tinssent pour proposition infaillible qu'il falloit escrire comme on prononçoit ; si est-ce que chacun d'eux usa de diverses orthographes, monstrant qu'en leurs reigles générales il n'y avoit rien si certain que l'incertain, et, de fait, leurs orthographes étoient si bizarres ou, pour mieux dire, si bigarrées, qu'il estoit plus mal aisé de lire leurs œuures que le grec. Cecy soit par moi dit en passant. » (*Recherches de la France*, p. 615.) Malgré ces vertes critiques dont les frappaient non-seulement Pasquier et Guillaume des Autels, mais encore les meilleurs esprits du temps, les disciples de Louis Meigret continuèrent jusqu'à la fin du XVIe siècle leurs tendances phonographiques contre l'orthographe latinisée. En 1576, vint Thomas Sebilet de Lyon, qui soutint ce système dans son *Art poétique françois*. Deux ans après, en 1578, parut Honorat Rambaud, *maistre d'escole* de Marseille, avec son fameux livre : « *La desclaration des abus que l'on commet en escrivant, et le moyen de les éuiter et représenter nayuement les paroles; ce que jamais homme n'a faict.* » Celui-ci était franchement radical en néographie; il y allait plus bravement encore que Louis Meigret, et débutait, tout d'abord, par la suppression de l'alphabet, auquel il en substituait un autre composé tout d'une pièce pour cet usage. Ce qui l'avait amené là, c'est l'inégalité de nombre que, tout compte fait, il avait trouvée entre les signes orthographiques et les éléments de prononciation. Ainsi, pour quarante-cinq variétés de prononciation, il n'avait compté que vingt-trois éléments d'écriture; encore avait-il dû rabattre de ce calcul tous les signes composés de la langue écrite qui n'ont point d'équivalents dans la langue parlée : comme le *x*, par exemple; les signes doubles, l'*y* et le *k*; les signes équivoques, le *c* sifflant, qui est un *s*, et le *s* doux, qui est un *z* : de telle sorte que, pour lui, il s'en fallait au moins des deux tiers que l'orthographe française eût la monnaie de sa prononciation, comme l'a fort ingénieusement dit Ch. Nodier. Pour combler ce décompte, Rambaud recourut à de nouveaux signes, à des accents multipliés à outrance, à ces « innumérables apostrophes » que Des Autels reprochait à Louis Meigret. On comprend déjà que ses innovations ne prirent point faveur : c'est que, comme l'a dit encore Nodier, ce qu'il y a d'embarrassant, ce n'est pas de faire tant bien que mal une espèce d'alphabet rationnel et philosophique, propre à faciliter l'enseignement et la lecture, et à rendre peu sensibles et même tout à fait nulles les équivoques et les ambiguïtés de l'orthographe ; c'est d'appliquer cet alphabet à une langue écrite, sans altérer, sans détruire peut-être son esprit et son caractère ; c'est, surtout, de le faire accepter par le peuple auquel on le destine, comme la forme d'un chapeau ou la coupe d'un habit. Voilà ce qui n'arriva jamais, et qui jamais n'arrivera. Le XVIe siècle, même après Rambaud et la déconvenue de ses réformes, n'en avait pourtant pas encore fini avec ces systèmes d'orthographe meigretiste ; en 1596, de la Noue ajouta à la fin de son *Dictionnaire des rimes* un petit traité où les rapprochements à établir entre l'orthographe et la langue parlée étaient de nouveau préconisés. Selon lui, l'un des plus sûrs moyens d'arriver à cette fusion serait de ne donner jamais qu'une valeur à chaque lettre. Il voudrait, par exemple, que le *t* ne prît jamais la place de la lettre *s* dans les mots où il se prononce comme elle ; aussi écrit-il *ambision*, *discrésion*. Où le *g* ne se prononce pas *gue*, mais *j*, il veut qu'on mette cette dernière lettre ; et lui-même il écrit, *il manja*, *il juja*. Le *s* ayant le son de *z* entre deux voyelles, il le raye des mots *rose*, *plaisir*, et il écrit *roze*, *plaizir*. De la Noue prescrit encore de ne doubler la consonne que lorsque ce redoublement est sensible à l'oreille, et de supprimer les voyelles muettes dans les mots *paon*, *cœur*, *chœur*, *chronologie*, qu'on doit écrire, selon lui, *pan*, *keur*, *keur*, *kronologie*. Il substituait aussi les voyelles simples aux doubles dans ces mots *j'aimai*, *j'aimerai*, *peine*, *faible*, qu'il écrivait *j'èmé*, *j'èmeré*, *pène*, *fèble*. Ce système ne tint pas mieux que les premiers; il tomba, comme étaient tombés les autres, comme tomberont tous ceux qui suivront les mêmes errements. La raison de cette chute est simple et évidente : c'est que la prononciation est, de sa nature, chose arbitraire et presque individuelle, qui restera toujours équivoque entre deux personnes et, à plus forte raison, entre cent mille; c'est que l'orthographe, exactement appropriée à la prononciation, même dans une langue à faire qui posséderait un alphabet complet, serait le chaos de la parole. « Quand chacun écrira, dit Nodier, sa prononciation, au lieu de la langue orthographique, il n'y aura plus de langue. » (*Introd. au Dictionnaire d'Ackermann.*) De ces divers systèmes de phonographie au XVIe siècle, partis tous, il faut bien le reconnaître, d'une excellente pensée, la lutte contre l'excès des lettres étymologiques, mais avortés dans leur germe à cause de l'exagération des moyens contraires; de tous ces systèmes, disons-nous, il devait pourtant rester quelque chose. Ainsi c'est Louis Meigret qui, le premier, donna aux divers accents leur véritable valeur. Il maintint sur l'*e* fermé l'accent aigu que Jacques Sylvius y avait ajouté le premier ; puis, faisant mieux que ce vieil auteur de l'*Isagoge in linguam latinam*, il enleva l'accent grave de l'*e* bref ou muet, sur lequel il l'avait assez singulièrement posé, et il le plaça lui-même sur l'*e* grave où nous l'avons laissé. Par cette accentuation des divers *e*, Meigret satisfit à l'une des exigences les plus rigoureuses de notre orthographe, exigence que Geoffroy Tory de Bourges avait prévue sans y satisfaire quand il avait dit dans son *Champ fleury* (1529) : « *e* a trois divers sons en prononciation et rithme française. » C'est aussi à Meigret que nous devons la *cédille*, dont le nom vient, comme on sait, de *cedilla* (petit *c* espagnol) : il l'employa, le premier, pour distinguer le *c* sifflant du *c* dur, comme dans les mots *rançon*, *garçon*. Avant lui, cette distinction ne s'était faite qu'à l'aide d'un *z* placé entre le *c* et la voyelle, ainsi *ça* s'écrivait *cza ;* ou bien par l'interposition d'un *e* placé après le *c*, comme maintenant encore après le *g* dans *il mangea*, *drageoir* (*Epithètes de* DE LA PORTE, 1571). Meigret fit beaucoup encore pour débrouiller la confusion de nos premières règles des participes. Avant lui, le participe passé se déclinait toujours, qu'il fût sujet ou régime ; le mot *lu*, par exemple, s'écrivait de même dans ces phrases : *J'ai lu une lettre* et *la lettre que j'ai lue.* Meigret combattit avec une excellente dialectique cette facile méthode, si bien même que sa règle sur le participe devant rester indéclinable, tant que son substantif n'est pas annoncé, fit dès lors force de loi en grammaire. C'est vainement que les écrivains du XVIIe siècle, même les meilleurs, la Fontaine et Racine, la violèrent souvent, personne ne s'avisa plus de mettre ouvertement son autorité en doute; en 1754 d'Olivet put écrire à son sujet : « Il est inutile de chercher la raison d'une chose convenue, et qui n'est contestée de personne à dater de François Ier. » (*Opuscule sur la langue française*, page 355.) La règle des participes présents déclinables ou non déclinables, « susceptibles ou non de genre et de nombre, » comme dit Douchet, n'eut pas alors de solution. Ramus, dans sa grammaire (Paris, 1572), déclina toujours les participes actifs, qu'ils fussent ou non suivis de leurs compléments. Les bons écrivains du XVIe siècle firent tous de même; Patru le remarque formellement dans sa lettre à Charpentier : « Vous y trouverez, dit-il, ces participes ou gérondifs toujours déclinés au masculin et pas un exemple du contraire. Rabelais n'a pas manqué une seule fois de les décliner; Calvin n'y a jamais manqué..... Voilà les pères de notre langue et une tradition bien suivie qui nous mènent presque à la naissance de l'Académie. » Ce corps savant s'empara de la question, mais ne la résolut pas mieux; car les écrivains du XVIIe siècle s'en tinrent à la vieille routine et continuèrent à décliner les gérondifs. Aujourd'hui rien n'est encore positivement décidé là-dessus. Deux cents ans de grammaire n'ont point éclairci ce que le XVIe siècle avait laissé dans les ténèbres de son orthographe. On a fait encore à Meigret, et surtout à Ramus, honneur de l'introduction du *j* et du *v* dans notre langue : c'est à tort. Ces lettres n'ont réellement jamais été absentes de l'alphabet français au moyen âge; on les trouve bien distinctes de l'*i* et de l'*u* dans plusieurs manuscrits, notamment, selon M. Francis Wey, dans la *Vie de saint Aymons*, manuscrit du XIIe siècle, et aussi dans le fameux texte manuscrit des *Sermons de saint Bernard*. Seulement, quand arrivèrent les grands réformateurs de l'orthographe française au profit de l'étymologie et du latinisme, comme ces lettres n'avaient point leurs précédentes dans l'alphabet romain, elles durent disparaître momentanément des textes; elles furent surtout exclues des textes imprimés, les orthographiers cicéroniens ayant, par Robert Estienne, Patisson et les autres, la haute main sur les presses et n'y reconnaissant comme caractères typographiques que les lettres bien et dûment autorisées par l'étymologie latine. Meigret, qui, pour les besoins de son orthographe, avait été obligé de faire refondre tout un nouvel alphabet compliqué de nouveaux signes, en profita pour introduire le *j* dans la typographie et le restituer ainsi à notre langue :

« J'ai, dit-il, diversifié l'*i* consonnante de l'*i* voyelle par une proportion double de l'*i*, d'autant que c'est une prolacion quasi double, et je l'appelle *ji*. » Pour le *v*, il fut aussi tenté de le réintégrer dans l'orthographe; mais il résolut d'attendre encore : « J'eusse aussi volontiers, ajoute-t-il, donné ordre à l'*u* consonnante par un point ventral, mais ce sera avec le temps. » C'est Ramus qui, vingt ans après, accomplit la restitution. — L'orthographe phonographique de ces réformateurs du XVIe siècle est aussi fort curieuse à connaître en ce que, basée tout entière sur la langue parlée et la suivant jusque dans ses écarts, elle nous apprend qu'elle était, sous François Ier et ses successeurs, la vraie prononciation française; et ce n'est pas chose indifférente, car plus d'une innovation introduite, plus tard, dans notre orthographe n'a sa cause et son origine que dans cette prononciation du XVIe siècle, à qui l'usage finit par donner autorité même sur l'orthographe. On sait qu'alors la cour de France, toute à la mode italienne par suite de nos guerres et par flatterie pour les Médicis, avait surtout adopté pour son langage les formes *zézayantes* de l'idiome toscan. Partout le *z* était substitué au *r*; on disait *Pazy* pour Paris, *chaize* pour chaire; c'est même de là que ce dernier mot, écrit d'abord *chaere*, s'est transformé et a gardé, dans l'une de ses acceptions, l'orthographe de *chaise*. Dans tous les mots où se trouvait la diphthongue *oi*, notre plus généreuse diphthongue, comme dit M. Paulin Paris, et comme nous l'avons fait voir à propos du dialecte bourguignon, on admit la syllabe *ai* des Italiens et aussi, chose singulière, du dialecte normand. « On n'ose plus dire, écrit Henri Estienne, *françois*, *françoise*, sur peine d'être appelé pédant, mais faut dire *francès*, *francèse* comme *anglès*, *anglèse*, *j'étès*, *je faisès*, et non pas *anglois*, *angloise*, *j'étois*, *je faisois* » (*Dialogue du nouveau langage françois italianizé*, Paris, 1579). Pasquier, confirmant ce témoignage, dit aussi dans sa quatrième lettre à Ramus : « Le courtisan aux mots douillets nous couchera de ces paroles : *reyne* (au lieu de royne), *allèt*, *tenèt*, *menèt*..... Ni vous ni moi, je m'asseure, ne prononcerons et moins encore écrirons ces mots de *reyne*, *allèt*, *tenèt*. » Quoi qu'en dise Pasquier, ce fut pourtant le langage du courtisan qui fut le plus fort; les savants eux-mêmes durent s'y conformer quand il eut pour lui l'autorité d'un long usage : or il l'obtint; sous Louis XIII, cette prononciation italianisée faisait encore loi dans les entretiens. On lit dans les satyres de Courval Sonnet :

Bref, que dirai-je plus ? il faut dire *il allèt*,
Je crès, *francès*, *anglès*, *il disèt*, *il parlèt*.

Sous Louis XIV, c'était encore de même. Partout, voire dans des mots d'où nous l'avons rejetée plus tard, la diphthongue *ai* était substituée à la diphthongue *oi*. Ménage lui-même voulait que l'on dît *courtais*, *courtaisie;* d'autres affectaient de prononcer et d'écrire : « Quoi qu'il en *sait*, *je crais* qu'il fait *fraid* dans cet *endrait*. » La Fontaine ne craignait pas de faire rimer des cases *étrètes* avec *retraites*, et des portes *étrètes* avec *belettes*. D'un usage ainsi prolongé et consacré, pour la prononciation et la rime, à l'introduction légale de ces formes italianisées dans l'orthographe française, il n'y avait qu'un pas. Les phonographes du XVIIe siècle, dignes successeurs de ceux du XVIe, firent tout pour qu'on le franchît. Le P. Dobert, minime dauphinois, jeta d'abord dans la question le poids indigeste de son livre : « *Les récréations litérales et mystérieuses pour le divertissement des savants et amateurs de letres* (*Lyon*, 1646); » ensuite vint, en 1669, Lartigant avec son ouvrage, *Les progrès de la véritable orthografe;* puis, en 1675, l'avocat Bérain, qui, comme nous l'avons dit déjà, appuya, en sa qualité de Normand, l'admission de la diphthongue *ai* dans les imparfaits; Latouche vint après, qui, dans son *Art de bien parler*, s'achemina aussi vers cette réforme. Ainsi, voulant indiquer la prononciation de l'*oi* dans les imparfaits, il dit (tome I, p. 50) : « *Je chantois, je mangeois, je chanterois*, prononcez, *je chantais, je mangeais, je chanterais.* » Le *s* final, qu'on remarque déjà ici, n'était pas une innovation de Latouche; il datait de Ronsard, qui, dans la préface de la ***Franciade***, en conseille l'usage surtout quand le mot qui suit l'imparfait commence par une voyelle. Enfin, en 1694, parut un livre qui devait clore le débat en faveur de la diphthongue italianisée; ce livre est la grammaire de René de Milleran, rapportant toute orthographe à la prononciation, « celle-ci étant, comme il est dit dans le titre même, la partie la plus *esancielle* de toutes les langues. » C'est là que Voltaire, s'avisant de la réforme orthographique qu'on a faussement décorée de son nom, prit tout préparés et déjà tout formulés les principes d'orthographe qu'il n'eut plus qu'à faire valoir et à consacrer; en un mot, pour parler encore avec Ch. Nodier, c'est cette orthographe de René Milleran qu'il trouva assez bonne pour se donner la peine de l'inventer. Son seul mérite, et il est contestable que c'en soit un, fut de l'impatroniser et de la faire admettre; ce qui ne s'accomplit pas sans de longues luttes et de longs écrits. L'abbé d'Olivet fut le plus rude antagoniste de Voltaire. Ses principales raisons de rejeter *ai* et de lui préférer *oi* reposaient sur l'autorité de l'usage ancien et sur celle de l'étymologie; par malheur, ne sachant pas d'où venait réellement la malencontreuse diphthongue, il ne pouvait, comme on le peut aujourd'hui, alléguer contre elle son origine italienne, ce qui eût donné une grande force à son argumentation. L'un de ses motifs de refus les plus péremptoires était, comme il l'a dit dans sa douzième remarque sur Racine, que *ai*, bien mieux encore que *oi*, a plusieurs sons. En effet, dans *j'aimai* cette diphthongue a le son de l'*e* fermé, si bien que les poëtes la font rimer avec lui; dans le mot *bienfaisance*, au contraire, elle a le son de l'*e* ouvert, à tel point que cette lettre y est souvent mise à sa place, contrairement aux principes des anciens grammairiens, et surtout de Théodore de Bèze, qui défend de changer jamais le *spondée* en *ïambe*. Mais Voltaire, donnant l'autorité de son nom à une réforme qui avait déjà pour elle la force de l'usage, devait l'emporter; c'est ce qui arriva. La diphthongue dont il se faisait le patron prévalut sur l'ancienne. L'Académie fut la dernière à prêter les mains à cette réforme. Dans l'édition de son Dictionnaire qui parut à l'époque même de Voltaire, elle refusa de la consacrer; c'est seulement dans ces derniers temps qu'elle en adopta le principe, en permettant de faire une différence exigée par la prononciation entre l'orthographe de ces mots la *paroisse* et qu'il *paraisse*, un *endroit* et il *voudrait*, *devoir* et je *devrais*. Avant d'arriver à cette dernière concession, l'Académie avait été amenée à en faire de non moins importantes que lui arrachaient, par leurs obsessions, les partisans du système toujours vivace de Louis Meigret. Ainsi, en 1718, cédant, malgré elle, aux réclamations et aux factums de l'abbé de Dangeau, cet intrépide phonographe, qui, pendant trente-six ans, ne cessa de défendre le système meigretiste, elle dérogea un peu à la rigueur de son orthographe étymologique telle que l'avaient faite les cicéroniens du XVIe siècle. En 1740, elle fit plus; elle proclama hautement et consacra même ce principe de Meigret défendu par l'abbé de Dangeau, que le changement qui survient dans la prononciation d'un terme doit en opérer un autre dans la manière de l'écrire : elle proscrivit toutes les lettres oiseuses qui, sans être indispensables à l'étymologie, sont des entraves pour la prononciation. Le *b* d'*obmettre*, le *d* d'*adjouter* furent ainsi retranchés. En cela l'Académie faisait droit non-seulement aux protestations anciennes de Meigret, de Pelletier, de Ramus, et aux réclamations plus récentes de Dangeau, mais encore à celles non moins explicites de Ronsard, disant au lecteur dans sa préface de la *Franciade* : « Tu éviteras toute orthographe superflue et ne mettras aucunes lettres en tels mots si tu ne les profères ; au moins tu en useras le plus sobrement que tu pourras, en attendant meilleure réformation. Tu écriras *écrire* et non *escrire*, *cieus* et non pas *cieulx*. » Ce système de Ronsard, qui, au temps où il fut formulé, était du pur éclectisme en orthographe, conciliant entre eux les étymologistes et les phonographes, n'avait guère eu pour partisans, avant d'être accepté par l'Académie, que Vaugelas en 1662, et ce qui est étrange, avant Vaugelas, une coterie de *précieuses* réunies chez Leclerc. Somaize, qui nous apprend cette curieuse particularité (*Dict. des précieuses*, I, p. 60), nous montre ces précieuses assemblées chez Claristènes (M. Leclerc) et bien résolues de réformer l'orthographe, afin que « *les femmes pussent écrire aussi correctement que les hommes.* » Pour exécuter cette entreprise, Roxalie (Mme Leroy) dit qu'il fallait faire en sorte que l'on pût écrire de même que l'on parlait. Il fut donc décidé qu'on diminuerait tous les mots et qu'on ôterait toutes les lettres superflues; ensuite vient la liste des mots réformés : *autheur* écrit *auteur*, *teste* écrit *tête*, etc. Ainsi l'Académie, en **1740**, n'avait pas fait davantage qu'une coterie de femmes pédantes un siècle auparavant. Les écrivains qui poussaient le docte corps à ces réformes, Buffier, l'abbé de Saint-Pierre, l'abbé Girard, Dumarsais, Beauzée, Wailly, et Duclos surtout, ne voulaient pas que l'Académie en restât là. Duclos, le plus ardent disciple de l'abbé Dangeau, poussait l'excès de son système phonographique jusqu'à vouloir que dans notre langue, ainsi que dans la langue italienne, on retranchât partout le *ph*, qu'on le remplaçât par le *f*, et qu'on écrivît, par exemple, *filosofie*, *paragrafe*, etc. : il éliminait aussi toutes les lettres doubles, et substituait partout l'*i* à l'*y*; il alla même jusqu'à vouloir qu'on écrivît *fame*. L'Académie se récria tout d'abord contre ces propositions scandaleuses en orthographe;

mais Duclos étant, malgré cela, devenu son secrétaire perpétuel à l'époque où s'élabora la quatrième édition de son Dictionnaire, elle eut la main forcée au point de permettre qu'il y glissât impunément jusqu'à dix mille mots marqués au coin de son système. C'est ainsi que deux principes orthographiques tout à fait opposés se trouvèrent en lutte dans le même livre, celui-ci prévalant pour tels mots, celui-là pour tels autres. D'innombrables anomalies en résultèrent. L'orthographe du mot *fantôme*, par exemple, si bien marquée au coin réformateur de Duclos, jure contre celle de *philosophe*, qui garde son ancien caractère; *dissonance* et *analème*, auxquels le même système a enlevé leurs lettres doubles, ne jurent pas moins auprès de *consonnance* et de *dilemme*. Il en est de même pour *rhythme* et *enrythmé* ; pour *satire* et *satyre*, qui, ayant la même étymologie, devraient forcément avoir la même orthographe. Quoi qu'il en soit pourtant de ces anomalies flagrantes, de ces non-sens orthographiques, quoiqu'il nous faille même reconnaître la justesse des expressions de Rivarol, qui trouvait trois inconvénients à l'orthographe française : 1° d'employer trop de lettres pour écrire un mot, ce qui embarrasse sa marche; 2° d'en employer qu'on pourrait remplacer par d'autres, ce qui lui donne du vague; 3° enfin d'avoir des caractères dont elle n'a pas le prononcé et des prononcés dont elle n'a pas les caractères; nous n'en déclarerons pas moins, avec M. Génin, que, si les conditions d'une bonne orthographe consistent à dépenser tout juste assez de caractères pour déterminer le son d'un mot et rappeler l'étymologie, rien au delà, le français nous paraît de toutes les langues la plus voisine du but. Son orthographe, en effet, n'est pas, comme celle de l'italien, fatalement identifiée à la prononciation ; elle n'est pas non plus en continuel désaccord avec la langue parlée comme l'orthographe anglaise, où la même notation se traduit par trois et même quatre prononciations diverses, où chaque groupe de lettres a toujours une valeur capricieuse. Enfin, bien mieux que les langues du Nord, l'allemand, le polonais, le slavon, le bohémien, pour qui l'alphabet latin est si insuffisant en caractères et surtout en consonnes, la langue française trouve presque toujours dans son alphabet les signes réclamés par son orthographe.

EDOUARD FOURNIER.

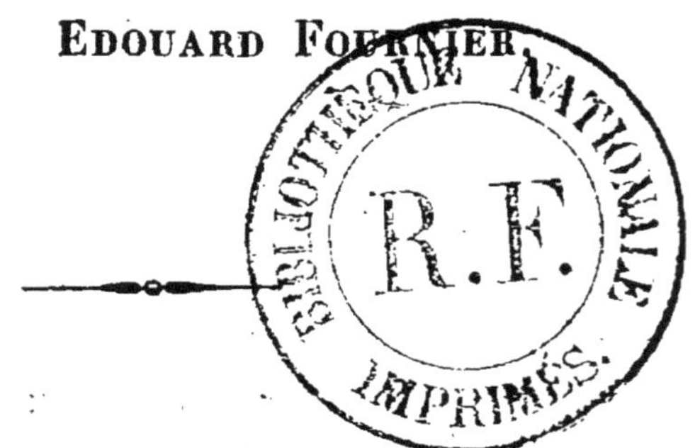

www.ingramcontent.com/pod-product-compliance
Ingram Content Group UK Ltd.
Pitfield, Milton Keynes, MK11 3LW, UK
UKHW020345220726
13923UKWH00004B/1562

9 782329 028392